세상을 바꾸는 어린이 1 **환경**

푸른 지구를 만들어요

The Greening Book: Being a Friend to Planet Earth
Text and illustrations ⓒ 2008 by Ellen Sabin
This Korean edition was published by Munhakdongne Publishing Corp. in 2009
by arrangement with Watering Can ⓡ Press.

이 책의 한국어판 저작권은 저작권자와 독점계약한 (주)문학동네에 있습니다.
저작권법에 의해 한국 내에서 보호를 받는 저작물이므로 무단전재와 복제를 금합니다.

세상을 바꾸는 어린이 1 **환경**

푸른 지구를 만들어요

엘렌 사빈 지음 | 정지현 옮김

문학동네

책을 시작하며

지구를 살리는 작은 시작

　지구에는 1억 종 이상의 생물이 함께 살아가고 있어요. 인간이 나타나기 훨씬 전부터 지구에는 이미 수많은 동물과 식물이 살고 있었답니다. 그들이 자연의 법칙에 따라 조화롭게 살았기 때문에, 우리 인간들이 편안하게 살 수 있는 지구환경이 만들어진 거예요.

　그런데 우리 인간은 지구가 마치 인간의 것인 양, 인간이 지구의 주인인 양 멋대로 행동해 왔습니다. 우리의 욕심과 편리함만을 위해 과학을 이용하고, 다른 생명을 마구 빼앗으며 지구를 파괴하고 있어요. 풀과 나무가 우거진 땅과 푸른 바다, 그리고 그곳에서 살아가는 여러 생명 덕분에 인간이 살 수 있다는 걸 잊은 탓이지요.

　지구의 모든 생물은 서로 깊은 관계를 맺고 살아가고 있어요. 그래서 하나라도 문제가 생기면 다른 모든 생물에 영향을 끼칩니다. 지금처럼 지구환경이 파괴되면 결국 우리 인간도 살 수 없게 되는 거예요.

　이제 우리 인간만을 위한 생각이나 생활 방식을 바꾸어야 할 때입니다. 우리만의 이익과 편리를 위해 더는 자연을 파괴해서는 안 됩니다. 자연을 이용하되 자연의 법칙을 어기지 말아야 해요. 지구환경에 대해서도 잘 알 필요가 있어요. 어떤 행동이 지구에게 해가 되고 도움이 되는지 알 수 있으니까요.

한 사람의 행동이나 선택이 지구 전체에 영향을 주고 있다는 사실도 기억해야 합니다. 내가 무심코 버린 과자 봉지나 건전지가 땅과 물을 오염시키고 있습니다. 또 지구 반대편의 생명을 위협할 수도 있어요. 특이한 애완동물을 갖고 싶어 하는 헛된 욕심 때문에 열대림의 동물들이 멸종 위기를 맞고 있습니다. 핸드폰이나 컴퓨터, 게임기를 살 때마다 고릴라의 서식지가 파괴되고 있어요.

그러나 이를 바꿔 생각해 보면, 한 사람의 행동이나 선택이 지구를 살리는데 힘이 된다는 것을 알 수 있습니다. 쓰레기 줍기, 차 타는 대신 걷거나 자전거 타기, 물 아끼기, 지구에 대해 생각하고 다른 사람과 이야기해 보기…… 이 모든 행동 하나하나가 지구를 살리는 작은 시작입니다.

한 사람의 실천은 작아 보이지만 여럿이 모이면 변화를 가져오는 큰 힘이 될 수 있지요. 이 책과 함께 지금부터 시작해 보면 어떨까요?

푸른 지구와 친구해요! 08

지구가 주는 소중한 선물 12

지구가 우리에게 바라는 것 22

푸른 지구를 지켜요! ㉘

지구를 위해 목소리를 높여요! ㉝

나는 지구의 좋은 친구예요! ㉽

우리가 살고 있는 이곳은 지구예요.

지구는 하늘과 땅, 바다로 이루어져 있지요. 지구에는 태양열과 빛, 물이 있어서 식물과 동물이 살아갈 수 있답니다. 이제까지 이야기한 이 모든 것을 우리는 '자연'이라고 불러요.

자연에 있는 모든 것은 서로 연결되어 있어요.

식물은 햇빛과 물로 영양분을 만들고, 산소를 내뿜어요. 사람을 비롯해 모든 동물은 산소 없이는 살 수가 없답니다.
동물이 죽으면 식물이 살아가는 데 꼭 필요한 흙이 돼요. 또 동물의 똥은 흙을 기름지게 하여 식물이 튼튼하게 자라는 데 필요한 영양분이 됩니다. 이렇게 자란 식물은 사슴 같은 초식동물의 먹이가 되고, 사슴은 호랑이 같은 육식동물의 먹이가 되지요. 사람은 식물과 동물을 모두 먹으며 살아갑니다.

모두가 사슬처럼 얽혀 있지요?
지구에 있는 모든 것은 서로 관계를 맺고 있어요.

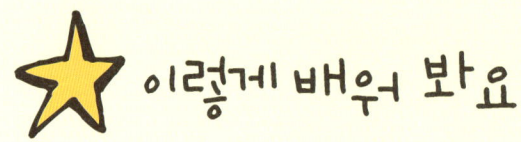

이렇게 배워 봐요

첫째

지구가 우리에게 얼마나 소중한 존재인지 생각해 봐요.

둘째

지구가 건강하려면 무엇이 필요한지 배워요. 지구가 건강해야 지구에서 살아가는 식물, 동물, 인간들이 모두 행복하게 함께 살 수 있다는 걸 알게 될 거예요.

셋째

우리가 지구를 위해서 할 수 있는 일은 무엇인지 생각해 봐요.

넷째

이제 지구를 위해 할 수 있는 일을 어떻게 행동으로 옮길지 생각해 봐요. 우리의 작은 실천이 지구에서 살아가는 모든 생명을 돕는 일이랍니다.

다섯째

일부러 마음먹지 않아도 자연스레 지구를 위하는 행동을 하게 될 때까지 실천하고 또 실천해요.

이 책은 여러분 거예요.
지구와 친구가 되기 위한
여러분의 생각을 모아 보세요.

지구가 주는 소중한 선물

지구는 살아 있는 모든 것의 어머니예요.
지구의 산과 늘, 호수와 강과 바다, 빙하와 사막에는 온갖 동물과 식물이 살고 있습니다. 사람이 나타나기 훨씬 전부터 지구에는 이미 많은 동물과 식물, 그리고 눈에는 보이지 않는 미생물이 살고 있었어요. 지구는 모든 생명체의 어머니인 셈이지요.

지구는 모든 생명체가 살아갈 수 있도록 소중한 선물을 아낌없이 줍니다. 우리는 다른 생명체들과 지구의 선물을 나누며 함께 살아가고 있어요.

- 지구는 모든 생명체가 살아가는 데 꼭 필요한 물과 공기를 줍니다.
- 지구는 먹을 음식과 살 집을 줍니다.
- 우리 인간은 지구에게 집을 따뜻하게 하고, 자동차를 움직이고, 음식을 만드는 연료를 얻습니다.

우리는 지구가 주는 선물에 감사하며,
지구를 아끼고 다른 생명들을 존중해야 합니다.

나무는 아낌없이 줘요

나무는 살아 있는 생명이에요.
우리 인간처럼 태어나고, 자라고, 죽습니다.
나뭇잎은 공기를 깨끗하게 해 주고, 가지는 새와 곤충의 보금자리가 되고, 뿌리는 흙을 지켜 주지요.
우리는 나무에서 놀랄 정도로 많은 것을 얻습니다.

나무는 동물과 사람이 숨 쉴 수 있는 산소를 만들어 냅니다. 숲은 공기를 깨끗하게 걸러 주는 거대한 필터 역할을 합니다.

페인트, 껌, 비누, 샴푸, 타이어 등 우리가 자주 쓰는 물건을 만드는 성분 역시 나무에서 얻습니다.

우리는 나무에서 음식을 얻습니다. 사과, 바나나, 잣, 참기름, 시럽 등 무척 많아요.

아스피린 같은 약도 나무에서 얻은 성분으로 만듭니다.

아름다운 나무를 바라보거나 나무에 오르고 숲을 거니는 일은 우리를 즐겁게 합니다.

더운 여름날, 나무는 시원한 그늘을 만들어 줍니다. 추울 때는 비와 바람을 막아 주지요.

나무로 책과 상자, 화장지, 가방을 만듭니다.

집과 가구를 만드는 데 쓰는 목재를 얻습니다.

불을 지필 때 쓰는 땔감이 되기도 해요.

나무가 주는 선물들이 너무 많네요.
나무야, 고마워!

 물은 생명을 낳고 키워 주어요

물은 지구와 지구에 사는 생명체의 몸을 이루는 중요한 물질이에요.

물은 지구 표면의 대부분(74%)을 차지하고 있어요. 우리 인간도 몸무게의 대부분(70%)이 물이에요. 처음으로 생명이 시작된 곳도 물이고, 우리도 태어나기 전에는 엄마 뱃속에 있던 물에서 지냈답니다.

식물이건 동물이건 눈에 보이지 않는 미생물이건 모든 생명은 물 없이 살 수 없어요.

물은 흔한 것처럼 보여도, 세계 어디서나 그렇지는 않아요. 아마존처럼 비가 많이 내리는 곳은 물이 많지만, 사하라 사막 같은 곳은 물이 아주 귀해요.

물은 모양을 바꾸며 계속 움직여요.

보통 때 찰랑찰랑 움직이는 물은 낮은 온도에서는 딱딱한 얼음이 되고, 높은 온도에서는 수증기가 되지요.

바닷물과 강물은 햇빛을 받아 수증기가 되어 공기 속으로

들어갑니다. 공기 속에 머물던 수증기는 모여서 구름이 되고, 구름은 다시 비나 눈이 되어 내립니다. 비와 눈은 땅으로 스며들어 지하수로 흐르고, 강이나 바다로 흘러갑니다. 이렇게 물은 모양을 바꾸며 하늘과 땅, 바다를 돌아다녀요.

우리 생활에서 물을 어떻게 쓰는지 적어 보세요

우리에게 생명을 주고 살 수 있게 해 주는 물,
정말 고마워!

 ## 땅속에 보물이 묻혀 있어요

우리가 차를 타고 컴퓨터를 하고 집을 따뜻하게 하는 데는 에너지가 필요하지요. 이 에너지는 어디서 나오는 걸까요? 땅속이나 바닷속 깊은 곳에는 에너지를 만드는 연료가 묻혀 있어요. 천연가스, 석탄, 석유가 바로 그 연료랍니다.

이 연료는 수백만 년 전에 땅속에 묻힌 동물이나 식물에서 만들어졌어요. 만들어지는 데는 기나긴 시간이 필요하지만 한 번 쓰면 영원히 사라져 버리지요. 우리가 날마다 쓰는 전기도 대부분 이 연료에서 나온 에너지로 만들어요.

우리가 매일 사용하는 것 중에서 전기로 움직이는 것은 무엇이 있나요?

지구야, 고마워! 네가 준 연료 덕분에 우리가 이렇게 편하게 살고 있어.

 ## 우리에게 먹을 것을 주요

여러분이 좋아하는 음식은 무엇인가요?

그 음식을 만들려면 어떤 재료가 필요한지 생각해 보세요.

이 재료는 어디서 오는 걸까요?

∽ 좋아하는 음식 ∽	∽ 필요한 재료 ∽
떡볶이	떡(쌀), 고추장(고추), 어묵(생선)

물과 햇빛을 받고 자라는 식물과 식물을 먹고 자란 동물들처럼 우리가 먹는 음식은 모두 지구의 선물이에요. 고마워, 지구야!

 # 마음을 행복하게 해 주요

바다나 계곡, 산이나 들에서 재미있게 놀았던 경험을 적어 보세요. 여러분이 갔던 곳은 어디인지, 누구와 함께 갔는지, 무엇을 했는지, 무엇을 보고 들었는지 적어 보세요.

우리는 자연에서 멋진 풍경을 볼 수도 있고, 재미있게 놀 수도 있어요. 자연과 함께 즐기다 보면 어느새 마음이 행복해지지요. 앞으로 가 보고 싶은 곳은 어디인가요?

가 보고 싶은 곳 :
무엇을 하고 싶나요?

가 보고 싶은 곳 :
무엇을 하고 싶나요?

 지구가 주는 고마운 선물이 무엇인지
더 생각해 보요

1. _____

2. _____

3. _____

4. _____

5. _____

우리가 고맙게 여기는 지구의 선물은 앞으로 지구에서 살아갈 사람들에게도 필요한 것이에요. 그리고 이 선물은 우리 인간만의 것이 아니랍니다. 지구의 모든 생명들이 이 소중한 선물을 오래도록 함께 누릴 수 있도록, 지구를 보호하고 건강하게 지켜야 해요.

이제부터 우리가 지구를 위해 할 수 있는 일은 무엇인지 함께 배워 보아요.

지구는 살아 있는 생명체예요.
다치기도 하고 큰 병에 걸리기도 합니다. 다치거나 병이 나면 낫는 데 많은 시간이 걸려요. 또 함부로 쓰면 영원히 사라져 버리는 것도 있어요.

지구에 있는 모든 것들은 서로 연결되어 있어요.
그래서 하나에 문제가 생기면 다른 것에도 영향을 미친답니다. 지구를 건강하게 지키려면 우리의 생활이 인간만을 위한 이기적인 것이 아니라 지구를 아끼는 방식이어야 해요. 지구와 친구가 되려는 노력이지요.

지구의 좋은 친구가 되려면 어떻게 해야 할까요?
무엇보다 친구에 대해 잘 아는 게 중요해요. 이제까지 우리가 지구에 대해 배운 것처럼 말이에요. 그리고 친구가 원하는 것은 무엇인지, 무엇을 필요로 하는지 잘 알아야 해요.

지구와 친구가 될 수 있는 사람은 지구환경을 생각하며 행동하지요. 이런 사람을 '환경친화적인 사람'이라고 부른답니다.
지구는 환경친화적인 사람을 기다리고 있어요.

# 지구와 친구하기

우리 주변에는 가족과 친구, 그리고 도움이 필요할 때 우리를 도와주는 사람들이 있습니다.
주위 사람들이 여러분한테 어떻게 해 줬으면 좋을지 생각해 보세요.
하고 싶은 말에 동그라미를 쳐 보세요.

친절하게 대해 주세요 나를 존중해 주세요 나랑 놀아 주세요

나를 인정해 주세요 병이 낫도록 보살펴 주세요

슬프거나 아플 때
관심을 가져 주세요 나와 함께해 주세요

내 편이 되어 주세요 나에게 관심을 보여 주세요

너그럽게 대해 주세요

위험한 것들로부터 보호해 주세요

다른 사람들이 나에게 관심을 기울이고, 친절하게 대해 주고 돌봐 주길 바라는 마음은 누구나 같을 거예요.
자, 그러면 지구를 친구라고 생각해 보세요. 지구도 여러분과 같은 마음이겠지요?

 **'환경친화적인 사람'이 되고 싶어요**

이제 '환경친화적인 사람'에 대해 생각해 봐요. 먼저 가족이나 친구, 선생님에게 '환경친화적인 사람'을 뭐라고 생각하는지 물어보고 아래에 적어 보세요.

 # 지구가 주는 선물을 소중히 아껴요

 **왜 그래야 할까요?**

땅, 나무, 물, 광물, 석탄, 석유…… 지구의 자원은 한계가 있어요. 사람들이 지구의 자원을 손상시키거나 모두 써 버린다면 우리의 보물은 영원히 사라질 거예요.

우리가 자연을 파괴하거나 자원을 모두 써 버린다면, 앞으로 인간과 동물은 살 곳, 먹을 것, 안전한 물과 공기처럼 살아가는 데 꼭 필요한  것들을 잃게 될 거예요.
또 지금처럼 오염이 계속 심해지면 앞으로 지구는 사람과 다른 생명들이 살아가기에 위험한 곳이 되고 말 거예요.

지구가 우리에게 주는 소중한 선물은
지구의 모든 생명들이 함께 나누는 거예요.
소중히 아껴 쓰고 잘 돌봐야 해요.

 어떻게 돌볼까요?

잘 보존해요. 딱 필요한 만큼만 사용해서 자원을 낭비하거나 모두 써 버리는 일이 없도록 해야 합니다.

깨끗하게 지켜요. 지구가 건강하려면 항상 깨끗해야 해요. 쓰레기를 줄이고 오염을 막기 위해서 노력해야 합니다.

늘 지구를 생각해요. 환경 문제를 어떻게 해결할지 고민하다 보면, 지구를 위해 할 수 있는 일이 생각보다 쉽고 많다는 것을 알 수 있어요.

인간은 다른 생명들과 더불어 살아가고 있습니다.
땅에서 자라는 나무, 바다에서 헤엄치는 물고기와 하늘을 나는 새,
육지의 온갖 동물들과 흙 속의 미생물, 모두 다 소중한 생명들이에요.
그래서 인간만 잘살고자 지구에서 함께 살아가는 다른 생명들을
위협하고 지구환경을 파괴하면, 결국 우리도 불행하게 돼요.

지구가 모든 생명들과 맺고 있는 관계를 잘 지켜 주는
것이 지구의 진정한 친구가 해야 할 일이에요.
그러기 위해서 먼저 지구환경과 지구에 살고 있는 생명들을 위협하고
파괴하는 것이 무엇인지 알아야 해요.
그러고 나서 지구를 보살피고 보호하려면 우리가 어떤 일을 할 수
있는지 함께 생각해 보아요.

지구를 건강하고 튼튼하게 지키기 위해 우리가
할 수 있는 일들은 무엇이 있을지 함께 생각해 보아요.

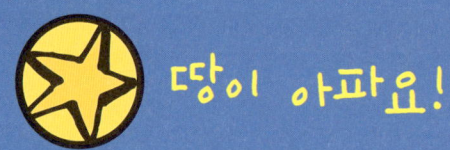# 땅이 아파요!

휴지, 칫솔, 운동화, 옷…… 우리는 매일 많은 물건을 사용합니다. 우리가 쓰고 버린 그 많은 물건들은 어디로 갈까요?

쓰레기통에 버린 물건들은 한데 모아 적당한 곳을 골라 땅에 묻습니다. 납작하게 눌러서 묻고 그 위에 흙을 덮어요. 그 위에 다시 쓰레기를 묻고 또 흙을 덮고…… 이 과정을 되풀이하면서 계속 땅에 쓰레기가 쌓인답니다. 이렇게 땅에 묻을 쓰레기가 점점 늘어나면 어떻게 될까요? 우리가 노니는 푸른 잔디밭까지 쓰레기를 묻어야 할지도 몰라요.

쓰레기를 땅에 묻을 때마다 우리는 지구의 자원인 땅을 사용하고 오염시키는 거예요. 이제 쓰레기를 묻을 땅도 얼마 남지 않다는 걸 기억해 주세요.

쓰레기를 땅에 묻는 대신 태우기도 해요. 태운 쓰레기는 재가 되어 땅에 묻힙니다.

쓰레기를 태워서 묻으면 많은 양의 쓰레기를 땅에 묻을 수 있어요. 그 대신 쓰레기가 탈 때 나오는 더럽고 해로운 연기 때문에 공기가 오염됩니다.

쓰레기를 묻은 땅 주변도 오염됩니다. 그래서 건강한 흙에서 자라야 하는 곡물과 여러 식물들도 큰 피해를 입지요. 땅이 오염되면 물도 오염돼요. 땅으로 스며든 해로운 물질이 땅속에 흐르는 지하수까지 오염시키거든요.

쓰레기를 아무 데나 버리는 것도 문제예요. 보기에 매우 안 좋을 뿐 아니라 동물에게 해로운 영향을 끼칩니다. 깨진 병이나 캔은 동물을 다치게도 해요. 몸집이 작은 동물은 비닐봉지에 갇히기도 하지요. 플라스틱이나 스티로폼을 먹고 목숨을 잃기도 합니다.

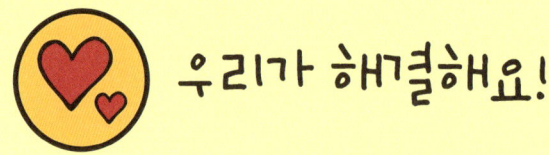 우리가 해결해요!

쓰레기 문제를 해결하기 위해 우리가 할 수 있는 일이 있어요.

 물건을 아껴 쓰면 쓰레기도 덜 생겨요.

- 소풍이나 체험학습을 떠날 때 도시락통에 점심을 싸고 개인 젓가락을 챙겨요. 그러면 한 번 쓰고 버리는 일회용 그릇과 나무젓가락을 쓰지 않아도 되겠지요.

- 슈퍼마켓에서 작은 물건을 샀을 때는 비닐봉지에 담아 오지 말고 호주머니에 넣어 와요. 이렇게 하면 쓰레기를 줄일 수 있습니다.

- 손을 씻거나 청소할 때 한 번 쓰고 버리는 종이 타월 대신 여러 번 다시 쓸 수 있는 수건을 사용해요.

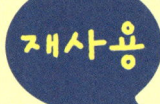 버린 물건 중에는 다시 쓸 수 있는 것들이 있습니다.

- 쓰지 않지만 멀쩡한 물건은 버리지 말고 기부해요. 쓰레기도 줄이고 다른 사람도 돕는 방법입니다.

- 많은 종이가 한 면만 쓰고 버려집니다. 종이의 양면을 다

- 사용해요. 종이 쓰레기의 양을 절반으로 줄일 수 있습니다.

- 물건을 버리기 전에 다른 용도로 사용할 수 없을지 고민해요. 낡은 병은 꽃병으로 다시 쓸 수 있어요. 신문지는 포장용 종이로 다시 사용해 보세요. 상상력이 풍부한 사람이라면 쓰지 않게 된 물건을 다시 사용할 수 있는 방법을 백 가지쯤 생각해 낼 수 있을 거예요.

 쓰레기를 새 것으로 다시 만들어 쓰는 방법입니다.

- 종이, 신문, 캔, 알루미늄 호일, 유리병, 플라스틱 상자, 자동차 타이어 등 여러 가지 물건들은 새 것으로 다시 만들어 쓸 수 있습니다.

- 학교나 집에서 종이, 캔, 병, 신문지를 분리수거하면 물건을 재활용하는 데 큰 도움이 됩니다.

이제부터 물건을 쓰거나 버리기 전에 먼저 생각해 보세요. 아껴 쓰고, 나눠 쓰고, 바꿔 쓸 수 없는지 다시 생각해 봐요.

 ## 재활용, 알고 있나요?

우리가 매일 사용하는 물건 중 많은 것들이 재활용된 것이라는 사실을 알고 있나요?

다음과 같은 표시가 있으면 재활용할 수 있다는 뜻이에요.

자음과 모음을 맞춰서 단어를 만들어 보세요.

ㅇ ㅠ ㄹ ㅣ = ☐ ☐

'이것'은 어떤 재료로 만들어졌을까요?
모래를 뜨거운 열에 녹여서 만듭니다.

'이것'을 재활용하면 어떤 곳에 쓸 수 있을까요?
녹여서 다른 모양을 만들거나, 도로를 만드는 데 쓸 수 있습니다.

ㅅㅣㄴㅁㅜㄴㅈㅣ = ☐☐☐

'이것'은 어떤 재료로 만들어졌을까요?

자라는 데만도 수백 년이 걸리는 나무로 만듭니다.

'이것'을 재활용하면 어떤 곳에 쓸 수 있을까요?

새 종이를 만들거나 계란 상자, 고양이 화장실 모래로 사용할 수 있습니다.

ㅍㅡㄹ ㄹㅏㅅㅡㅌㅣㄱ = ☐☐☐☐

'이것'은 어떤 재료로 만들어졌을까요?

석탄이나 석유에 물과 석회암이라는 특별한 돌을 섞어 만듭니다.

'이것'을 재활용하면 어떤 곳에 쓸 수 있을까요?

장난감, 화분, 밧줄, 그릇 등등 여러 곳에 쓸 수 있습니다.

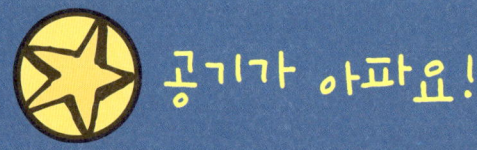# 공기가 아파요!

밤에 불을 밝히고, 텔레비전을 보려면 전기가 필요합니다. 전기는 발전소란 곳에서 만들어지는데, 발전소는 전기를 만들면서 공기를 더럽히는 나쁜 기체들을 내뿜어요. 자동차를 타고 방을 따뜻하게 하는 데 쓰는 가스와 석유도 공기를 더럽게 합니다. 결국 우리가 마시는 공기를 우리가 더럽히고 있는 거지요.

오염된 공기는 사람에게 해롭습니다. 천식이나 그 밖의 병을 앓고 있는 사람에게 특히 해롭지요. 오염된 공기는 동물과 식물에게 나쁜 영향을 끼쳐요. 물도 오염시킵니다. 공기 중에 있는 물방울이 오염된 채 비나 눈이 되어 내리거든요. 오염된 공기 때문에 푸른 하늘은 어두운 회색이 됩니다.

자동차, 공장, 발전소에서 나오는 나쁜 기체 때문에 지구의 기온이 높아집니다. 이 기체들이 지구의 열을 빠져나가지 못하게 붙잡아 두기 때문이지요. 이것을 '지구온난화' 또는 '기후변화'라고 불러요.

지구가 너무 더워지면 사람들이 살 수 없는 곳도 생겨나지요.
사람들이 먹기 위해 키우는 농작물도 자라기 힘들어집니다. 북극의
빙하도 녹습니다. 빙하가 녹으면 바닷물이 늘어나고, 바닷물이
늘어나면 육지가 잠기게 돼요. 바닷가 근처에 사는 사람들은 살던
곳을 버리고 다른 곳으로 떠나야 하지요.
갑작스러운 기온 변화에 적응하지 못하고 멸종해 버리는 동물과
식물도 생겨납니다. 이런 모든 변화는 사람을 비롯해 지구의 모든
생명을 파괴하게 됩니다.

 ## 에너지를 아끼고 공기 오염을 줄여요

전기를 만드는 과정에서 나쁜 기체가 나오기 때문에 전기를 아끼면 공기 오염도 줄일 수 있어요. 또 전기를 만드는 데 쓰는 석유와 같은 연료도 절약할 수 있답니다. 우리가 쓸 수 있는 연료는 많이 남아 있지 않거든요. 에너지 절약은 결국 지구환경을 보호하는 일입니다.

 **방을 나갈 때는 꼭 전깃불을 꺼 주세요.**
학교나 집에서 전깃불 끄는 것을 잊지 않도록 '불을 끄세요!'라고 쓴 종이를 전기 스위치 옆에 붙여 두세요. 그럼 모두들 불 끄는 걸 잊지 않겠지요?

텔레비전, 라디오, 컴퓨터는 쓰고 나서 꺼 주세요.
전자 제품을 켜 놓으면 필요없이 전기를 쓰게 되지요. 다 쓰고 나서 전원을 끄는 것만으로도 에너지 낭비를 많이 줄일 수 있습니다.

따뜻한 공기가 빠져나가는지 살펴 주세요.

집을 따뜻하게 하는 데 드는 에너지가 낭비될 때가 많아요. 문틈이나 창문을 통해 따뜻한 공기가 빠져나가기 때문이지요.
에너지 낭비를 줄이고 공기를 따뜻하게 유지하려면 창문은 꼭 닫았는지, 잘 때 커튼을 내렸는지 확인하세요. 또 집에서 닫히지 않는 문틈 같은 걸 찾게 되면, 꼭 부모님에게 말씀드려 고치도록 하세요.

우리 집은 형광등을 쓰고 있는지 물어보세요.

집에서는 전등을 켜는 데 전기를 많이 써요. 형광등은 백열전구보다 5배나 에너지가 적게 들고 오래 쓸 수 있답니다.
또 오스람 전구는 형광등보다도 에너지가 적게 들어요. 우리 집 전구는 어떤 건지 부모님께 물어보세요.

 ## 작은 힘도 모이면 큰 힘이 돼요!

여러분 집에는 그림 속 물건이 몇 개나 있나요? 한번 세어 보세요.

(개)   (개)   (개)

여러분이 사는 동네에, 도시에, 나라에 그리고 전 세계에 얼마나 많은 집이 있을지 생각해 보세요. 전구와 스위치와 콘센트가 얼마나 많을지 상상할 수 있겠지요?

미래에 지구에서 살아갈 사람들을 위해 우리 모두 에너지를 절약해요. 작은 선택이 큰 변화를 만듭니다!

 ## 우리도 에너지를 만들 수 있어요

우리가 타고 다니는 자동차, 버스, 기차, 비행기는 가스나 석유, 전기의 힘으로 움직입니다.
그러나 휘발유나 전기를 사용하지 않는 다른 이동 수단도 많이 있어요. 바로 우리 몸이지요. 걷기나 자전거 타기는 좋은 운동이 될 뿐만 아니라 즐거운 야외 활동도 되고, 지구를 돕는 일이기도 해요.

아래 퍼즐에서 감춰진 낱말을 찾아 동그라미를 치세요.
모두 공해 없는 에너지를 사용하는 방법이랍니다.

보	색	진	히	러	동	라	루
니	정	킥	지	도	자	조	기
드	번	보	한	웹	트	걷	터
학	자	드	약	전	강	슬	가
덜	전	특	재	스	보	트	정
문	거	보	달	자	케	세	바
수	영	요	리	전	읽	이	위
불	먼	과	기	거	조	개	트

낱말

- 달리기
- 걷기
- 자전거
- 보트
- 스케이트
- 킥보드
- 수영

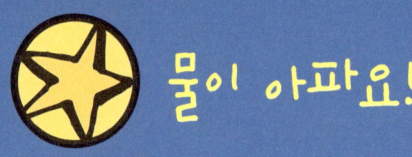 물이 아파요!

우리가 건강하게 살려면 깨끗한 물이 필요해요. 우리는 물을 마실 뿐 아니라 목욕, 빨래, 청소, 꽃에 물 주기, 변기 내리기 등 여러 가지 일에 사용합니다.
우리가 마시는 물은 강이나 호수, 시내에서 얻습니다. 땅속에서 흐르는 물도 있어요. 그런 물을 지하수라고 부르지요.

물은 오염되기 쉬워요. 해로운 물질을 땅속에 묻으면 지구는 스폰지처럼 빨아들여요. 땅속에 스며든 해로운 물질은 지하수를 오염시킵니다. 건전지를 아무 데나 버리면 나쁜 성분이 땅속에 스며들어 물을 오염시켜요. 또 페인트나 기름, 벌레를 죽이는 살충제를 땅에 쏟아 버리면 물이 오염돼요.
공기가 오염되면, 물도 오염됩니다. 더러운 물질이 공기를 떠돌다 비와 함께 떨어지거든요.

오염된 물은 그 물을 마시는 사람이나 동물의 건강에 해를 끼칩니다. 또 식물에게도 피해를 입히고, 물속에 사는 동물들을 죽이기도 해요. 지구가 주는 다른 선물들처럼 물도 그 양이 제한되어 있답니다.

놀라운 사실

• 지구의 대부분은 물로 뒤덮여 있지만, 사람이 마실 수 있는 물은 아주 적답니다(0.3%). 거의 다 소금기가 들어 있는 바닷물인 데다가 빙하처럼 얼어 있거나 지하에 있기 때문이에요.

• 아프리카에는 물이 부족해 어려움을 겪는 곳이 많아요. 물을 얻기 위해 양동이를 들고 하루에 몇 시간씩 걷지만, 깨끗한 물을 얻기는 아주 어렵지요. 깨끗하지 않은 물을 마시고 병에 걸리는 일도 많답니다.

• 먹을 수 있는 물은 적은데 사람들은 너무 많아서, 강물을 차지하려고 나라 간에 싸움이 벌어지기도 해요.

• 우리나라는 비도 많이 오고 물도 많은 것 같은데 물부족 국가래요. 왜 그럴까요? 비가 많이 오지만 여름에 집중해서 내리기 때문이에요. 또 가파른 산이 많아서 물이 땅에 충분히 스며들기도 전에 바다로 흘러 나가기 때문이지요. 빗물이 땅속으로 많이 스며들어야 지하수도 많고 강도 오랫동안 마르지 않거든요. 점점 더 많은 땅과 강 주변이 시멘트로 덮히고 있어 땅으로 스며드는 빗물의 양은 계속 줄고 있어요.

물을 아껴요!

물을 아끼는 것은 수도꼭지를 잠그는 것만큼이나 쉬운 일이에요.
사용하지도 않고 그냥 하수구로 흘러가는 물은 생각보다 아주 많답니다.
물을 아끼는 데는 여러 가지 방법이 있어요.
잘 익혔다가 가족과 친구들에게 알려 주세요.

- 이를 닦는 동안에는 수도꼭지를 잠가 두어요.
- 샤워를 하거나 머리를 감을 때는 비누칠을 하는 동안에 수도꼭지를 잠그세요.
- 샴푸나 린스를 적게 쓰는 것도 물을 절약하는 방법이에요.
- 꼭 잠기지 않은 수도꼭지는 단단히 잠그고, 물이 새는 수도꼭지가 있으면 부모님에게 고쳐 달라고 말하세요.
- 비가 올 때는 빈 양동이를 밖에 내놓으세요. 그렇게 모은 빗물로 화분이나 꽃에 물을 줄 수도 있고, 청소를 할 수도 있답니다.

집에서 실천할 수 있는 다른 방법

부엌에서

- 설거지할 때는 수도꼭지를 그대로 틀어 놓지 말아요.
- 그릇에 묻은 기름이나 음식은 신문지로 잘 닦은 다음에 설거지하면 물도 아끼고 물 오염도 줄일 수 있어요.
- 주방세제 대신에 밀가루나 쌀뜨물로 설거지를 해요.

빨래하고 청소하면서

- 빨래는 함께 모아서 세탁해요.
- 세제는 빨래의 양에 알맞게 사용해요.
- 마지막 헹군 물은 받아 두었다 변기를 청소할 때 사용해요.

화장실에서

- 변기 물통에 물이나 모래를 채워 넣은 페트병을 두세 개 넣어 두면, 많은 양의 물을 절약할 수 있어요.

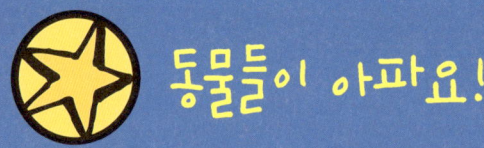
동물들이 아파요!

지구는 인간과 다른 동물이 더불어 살아가는 곳이에요.
그런데 우리는 농사할 땅을 마련한다고, 집과 공장을 짓는다고,
도로를 만든다고 숲을 없애고, 습지와 바다를 메우고, 강을 막습니다.
동물들은 갑자기 살 곳을 잃게 되지요. 그래서 멸종하는 동물들도
생겨납니다.

동물들이 사라지면 우리도 살 수 없어요.
만약 벌이 영원히 사라지면 어떻게 될까요? 우리가 먹는 곡식이나
과일이 자라지 못한답니다. 벌이 꽃가루를 옮겨 주지 않으면 곡식과
나무가 열매를 맺지 못하거든요.
땅속의 지렁이가 사라지면 어떻게 될까요? 땅이 딱딱해져서 물과
공기, 영양분이 스며들지 못해 식물이 자랄 수 없게 돼요. 지렁이가
땅속을 돌아다니면서 흙을 부드럽게 하고, 빗물이 빠지는 공기
구멍을 만들거든요. 지렁이는 식물이 자라는 흙을 지키는 데 아주
중요한 역할을 한답니다.

동물도 건강하게 살아가기 위해 깨끗한 공기와 물과 먹을 것이 필요해요.
그런데, 우리가 지구를 오염시키는 바람에 동물들의 삶이 위험해요. 인간이 버린 쓰레기가 강과 바다로 흘러들어 가거나 땅으로 스며들어 동물들이 사는 땅과 물을 오염시키기 때문이에요. 고무 풍선이나 플라스틱처럼 썩지 않는 쓰레기를 먹고 죽는 동물들도 자주 생겨나고 있답니다.

사라질지도 몰라요!

전 세계에 걸쳐 수천 가지의 동물들이 사라질 위기에 놓여 있습니다. 어떤 동물들이 왜 그렇게 되었을까요?

한국호랑이

한국호랑이는 북한과 중국, 러시아를 오가며 생활해요. 사람들은 예로부터 약재와 아름다운 털가죽을 얻으려고 호랑이를 마구 사냥해 왔어요. 호랑이가 사는 숲도 점점 사라지고 있어서 이제 남아 있는 한국호랑이는 겨우 300마리 정도라고 해요. 세계야생동물기금이 지정한 10대 멸종위기동물입니다.

민물 돌고래

민물 돌고래는 바다가 아닌 강에서 살아갑니다. 인도에 있는 인더스 강에 살고 있는 인더스돌고래는 강에 댐과 수문을 만든 뒤로 물살이 빨라지자 생명의 위협을 받고 있어요. 또 갠지스돌고래는 갠지스 강이 심하게 오염되면서 빠르게 사라지고

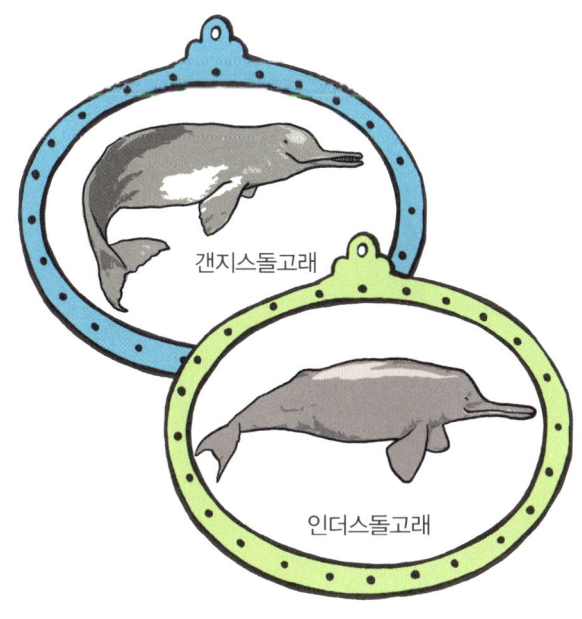

갠지스돌고래

인더스돌고래

있어요. 게다가 사람들이 마구잡이로 사냥을 해서 점점 더 줄어들고 있어요. 중국 양쯔 강에 살던 민물 돌고래는 이미 멸종되고 없답니다.

고릴라

고릴라는 사나워 보이지만 사실은 수줍음이 많고 온순해요. 아프리카에 있는 콩고라는 나라는 지구에서 마지막으로 남은 고릴라 서식지예요. 그런데 이곳에서 나는 콜탄이라는 철광석이 핸드폰과 게임기, 컴퓨터 부품을 만드는 데 꼭 필요하다고 해요. 이 콜탄을 얻기 위해 사람들은 고릴라가 사는 곳의 나무를 마구 베어 냈습니다. 살 곳을 잃게 된 고릴라들은 그 수가 절반으로 줄었어요. 우리가 핸드폰이나 게임기를 살 때마다 고릴라의 목숨을 위협하고 있는 셈이지요.

 ## 동물과 함께 살아요!

꽃이나 나무를 키우세요. 꽃과 나무는 동물들에게 살 곳과 먹을 것이 됩니다. 나무가 없으면 살 수 없는 동물이 많아요.

산에 오를 때는 야생동물을 방해하지 않도록 등산길로만 다녀요. 또 쓰레기는 꼭 다시 가져와야 해요. 깨진 병이나 캔이 동물에게 상처를 줄 수 있거든요. 몸집이 작은 동물은 우리가 버리고 간 비닐봉지에 갇혀 죽기도 해요. 도토리 같은 나무 열매는 야생동물의 먹이예요. 이유 없이 따거나 가져오지 마세요.

세계 곳곳에 사는 동물들에게 관심을 기울이세요. 동물에 대해 많이 알수록 동물을 사랑하는 마음이 생기고, 보호하는 방법도 더 잘 알게 될 거예요. 텔레비전에 나오는 동물 다큐멘터리를 보거나 책을 읽으면 동물에 대해 많이 배울 수 있답니다.

애완동물을 기르고 있다면 잘 보살펴 주세요. 물과 음식을 잘 챙겨 주고, 관심을 가져 주세요.

야생동물을 애완동물로 사지 마세요. 많은 야생동물들이 애완용으로 잡히는데 대부분은 운반 과정에서 목숨을 잃어요. 사는 사람이 없으면 야생동물을 몰래 잡아 파는 일도 없겠지요?

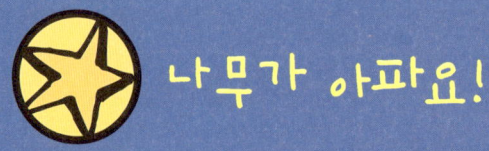# 나무가 아파요!

나무는 살아 있는 생명체예요. 나무와 숲은 사람을 비롯해 많은 생명들이 살아가는 집이기도 하지요. 나무는 음식, 땔감, 살 곳을 마련해 주고 아름다운 풍경도 누리게 해 주지요. 무엇보다 모든 생명이 숨 쉴 수 있도록 산소를 만들고, 지구온난화를 일으키는 나쁜 기체를 흡수하는 소중한 존재랍니다.

사람들은 집을 짓거나 농사지을 땅을 마련하기 위해 숲속 나무를 잘라냅니다. 또 종이나 그 밖에 다른 물건의 원료가 되는 펄프를 얻기 위해 숲을 없애기도 하지요. 사람들은 이미 지구에 있는 모든 숲의 절반을 없애 버렸어요. 지금도 세계 곳곳에서는 1분마다 축구장 60개에 이르는 넓이의 숲이 잘려 나가고 있어요.

나무가 사라지면 모든 생명체의 목숨이 위험합니다. 나무를 마구 베어 내는 인간 때문에 지구 전체가 위협을 받고 있어요.
다행히 숲과 나무를 보호할 수 있는 방법이 있어요. 정말 필요한 만큼의 나무를 잘라 내고, 그 자리에 새로 나무를

심는 거예요. 또 나무들을 한꺼번에 다 자르지 말고 남겨 두면, 다른 어린 나무들이 건강하고 크게 자랄 수 있지요.

오늘날 우리는 나무에게 많은 선물을 받으며 살아갑니다. 오랜 세월이 지나도 마찬가지예요.
이것이 바로 우리가 나무를 보호해야만 하는 까닭입니다.

 ## 우리가 나무를 지켜요!

나무를 심자!

나무 심기는 지구환경을 보호하는 아주 훌륭한 방법이에요. 가능한 한 많은 사람이 나무를 심으면 더욱 좋겠지요? 함께 나무를 키울 수 있도록 가족이나 친구, 선생님과 이야기해 보세요. 나무를 심고 가꾸면 나무를 사랑하는 마음도 함께 키울 수 있답니다.

함부로 꽃이나 나뭇가지를 꺾지 마세요. 나무에 상처를 내면 나무도 병이 난답니다. 산을 내려올 때는 쓰레기를 모두

가져와서 숲을 깨끗하게 지켜 주세요.

열대림과 그곳에 사는 동·식물에 대해 알아보세요.

아마존과 같은 열대림에는 개미핥기, 나무늘보, 앵무새 등 수십만 종의 동물들이 살고 있어요. 오리너구리, 분홍돌고래 같은 희귀 동물들도 많이 있지요. 또 열대림은 인간이 만드는 나쁜 공기와 오염 물질을 걸러 내고 지구 산소의 많은 부분을 만들어 냅니다. 열대림이 사라지면 사람도 살 수 없어요.

집에서도 할 수 있는 일이 있어요.

종이를 아끼는 것도 나무를 보호하는 방법입니다.

재활용할 수 있는 종이를 모아요.
신문지, 책, 공책, 달력, 포장지, 종이컵, 우유팩, 종이 상자는 다시 쓸 수 있어요. 다른 쓰레기와 섞어 버리지 말고 따로 모아 분리수거함에 넣으세요.
젖은 신문지나 비닐 코팅이 된 종이(광고지, 포장지, 쇼핑백)는 재활용이 되지 않으니 주의하세요!

 ## 조금 더 알아봐요!

지구에 대해 더 많이 알수록 지구를 사랑하는 마음도 생기고 지구환경을 보호하는 방법도 알게 됩니다.

 ### 태양은 어떻게 에너지를 만들어 낼까요?

태양에서 나오는 열과 빛을 태양에너지라고 해요. 지구로 오는 태양에너지의 절반은 물과 땅으로 흡수되고 나머지는 우주로 돌아가요. 특수한 유리를 이용하면 태양열을 모을 수 있어요. 모은 열을 이용해서 전기를 얻거나 물을 데워서 난방에 사용해요. 태양에너지는 공해가 전혀 생기지 않고, 아무리 써도 없어지지 않아요. 지구를 보호하기 위해 가장 좋은 에너지라고 할 수 있답니다.

 ### 깨끗한 물이 어떻게 우리 집까지 올까요?

수도꼭지에서 나오는 물은 강물을 깨끗이 거른 물이에요. 강물을 정수장이라는 곳으로 보내서 모두 여섯 단계의 과정을 거치며 나쁜 물질을 걸러 내요. 이렇게 깨끗해진 강물은 관을 통해서 여러분 집에 달린 수도꼭지까지 온답니다. 우리가 쓴 물은 하수관을 통해 강물로 다시 흘러가고요.

우리가 쓴 물이 다시 우리가 먹고 씻는 물이 되는 거예요. 물을 아끼고 깨끗이 사용해야 하는 이유를 알겠지요?

• 우리가 더 할 수 있는 일은 무엇일까요?

쓰레기 줍는 날 만들기

빈 물병 다시 쓰기

멸종 위기에 놓인 동물 후원하기

쓰레기 분리해서 버리기

재활용에 대해 알려 주기

나무나 꽃 심기

지구를 위해 좋은 일을 한 사람에게 감사하기

에어컨 대신 선풍기 틀기

비닐봉지 다시 쓰기

친구들과 다 본 책 교환하기

나무, 꽃, 동물, 땅, 공기, 물은 말을 할 수 없습니다.
하지만 우리는 할 수 있지요!

지구에게 필요한 것이 무엇인지, 지구를 보호하기 위해 할 수 있는 일이 무엇인지, 우리는 잘 알고 있어요.

이제 목소리를 높여 말해 보아요.

바닥에 쓰레기를 버리지 마세요.

아무도 없을 때 전등과 히터, 에어컨을 꺼요.

천 가방을 가져왔으니 비닐봉지는 필요 없어요.

여기에는 재활용 분리수거함이 없어요. 분리수거함을 만들어 주세요.

오늘은 밖에 나가 자연을 즐겨요!

 편지를 써요

여러분의 생각을 적어 편지를 보내요.

대통령, 국회의원, 시장, 시의원들은 우리가 환경 문제를 어떻게 생각하고 있는지 알아야 해요. 정치가들이 환경 보호를 위한 법을 만드는 데 우리의 의견은 도움이 된답니다.

여러분의 생각은 소중해요. 그러니 주저하지 말고 편지를 써 보세요.

 # 지구환경을 위해 노력한 사람들에 대해 알아보아요

우리와 함께 사는 모든 생명들, 그리고 모든 생명이 함께 행복하게 살 수 있는 지구환경을 위해 애쓰는 사람들이 많답니다.

왕가리 마타이

'숲이 살아야 우리가 산다'는 믿음을 가지고 처음으로 그린벨트 운동을 시작한 케냐 사람입니다. 케냐에서는 많은 사람들이 물 부족과 영양결핍으로 고통받고 있었어요. 왕가리 마타이는 나무를 심어서 땅이 사막으로 변하는 것을 막고, 아프리카의 가뭄을 이겨 내고자 애썼습니다. 마타이의 노력 덕분에 3,000만 그루가 넘는 나무를 아프리카에 심게 됐어요. '나무들의 어머니'라 불리는 것도 그 때문이지요. 왕가리 마타이는 2004년에 노벨평화상을 받았습니다.

자크 쿠스토

바다를 살리기 위해 노력한 프랑스의 세계적인 해양학자예요. 물속에서 숨을 쉴 수 있는 기구와 물이 들어가지 않는 카메라 케이스를 발명해서 깊은 바닷속을 촬영했습니다. 쿠스토의 사진과 영화를 보고 사람들은 처음으로 바닷속 세계가 얼마나 아름답고 신비로운 생명체로 가득 차 있는지 알게 되었어요. 자크 쿠스토는 인간이 함부로 바다에 버린 쓰레기와 화학 약품이 바다와 바다 생물을 죽이고 있다는 것을 알고는, 이를 널리 알려 바다를 살리고자 바다와 관련한 영화와 책을 여러 편 남겼습니다.

레이첼 카슨

환경 의식을 일깨운 미국의 생물학자예요. 사람들은 농사를 지을 때나 과일을 키울 때 벌레를 없애기 위해 살충제를 많이 써요. 레이첼 카슨은 사람들이 별 생각없이 써 온 살충제가 인간뿐 아니라 모든 생명체에 큰 위험이 된다는 것을 처음으로 밝혀냈어요.

『침묵의 봄』이라는 책을 써서 인간이 자연을 함부로 파괴하다가는 새가 울지 않는 봄을 맞을지도 모른다는 강력한 메시지를 전했습니다. 이 책으로 환경에 대한 사람들의 생각이 많이 바뀌었고, 살충제 사용 금지법이 만들어졌으며, '지구의 날'이 만들어졌어요.

제인 구달

아프리카의 야생 침팬지와 40년간 함께 지내며 연구한 영국의 동물행동학자예요. 침팬지도 사람처럼 가족과 살고, 도구를 사용하며, 기쁨과 슬픔, 외로움처럼 많은 감정을 가지고 있다는 사실을 처음으로 알아냈어요. 제인 구달은 침팬지와 같은 야생동물의 서식지를 보호하기 위해 많은 노력을 기울이고 있어요. 또 동물이 살기 좋은 환경을 만들어야 인간도 행복하게 살 수 있다는 사실을 전 세계 사람들에게 알리고 있답니다.

우리 주위에도 지구환경을 위해 열심히 일하는 사람들이 많이 있습니다. 여러분도 마찬가지예요!

 지구 사랑 티셔츠를 만들어요!

사람들은 환경 문제를 잘 잊어 버려요. 여러분의 작품으로 환경 문제의 심각성을 일깨워 보면 어때요?
여러분의 메시지를 담아 티셔츠를 꾸며 보세요.

패브릭 크레파스로 티셔츠에 그림을 그리면 크레파스와 같은 느낌이 나요. 티셔츠 위에 패브릭 크레파스로 그림을 그리고 다리미로 다리면 그림이 티셔츠에 스며들어서 빨아도 지워지지 않습니다.

 ## 지구 사랑 포스터를 만들어요!

마음속으로 다짐한 것을 눈에 보이게 적어 두는 거예요. 그리고 자주 바라보면서 잊지 않는 것도 아주 좋은 방법이랍니다. 친구나 가족과 함께 '지구을 위한 바람'을 적어서 벽에 붙이세요.

1
큰 종이를 둥글게 자른 다음 지구 모양을 그립니다.

2
지구 그림 위에 사람들이 환경 보호를 위해 지켰으면 하는 일을 적습니다.

3
완성된 작품은 학교나 집 벽에 붙입니다.

모든 사람들이 건강한 지구를 위해 무엇을 하고 싶어 하는지 볼 수 있겠지요?

 ## 우리 가족은 지구를 사랑해요!

다른 사람들과 지구를 보호하는 일에 대해 이야기를 나누고 함께하자고 말해 보세요. 먼저 가족부터 시작해요. 환경친화적인 사람이 되기 위해서는 어떻게 하면 좋을지 서로 생각을 나누고, 좋은 아이디어를 모으세요. '가족 서약서'를 만들어 보는 것도 좋은 방법입니다.

가족 서약서

우리 가족은 다음과 같은 일을 실천할 것을 약속합니다.

★ _____

★ _____

★ _____

★ _____

우리 가족의 실천은 지구를 더 건강하고 안전하게 만들 것입니다.

서명:

 우리 반은 지구를 사랑해요!

반 친구들과 함께 '우리 반 서약서'를 만들어 보세요.

우리 반 서약서

우리 반 친구들은 다음과 같은 일을
실천할 것을 약속합니다.

★ ------------------------------

★ ------------------------------

★ ------------------------------

★ ------------------------------

★ ------------------------------

우리 반의 실천은 지구를 더 건강하고 안전하게 만들 것입니다.

서명:

나는 지구의 좋은 친구예요!

우리는 이제까지 지구와 지구에 사는 모든 생명의 소중함에 대해 배웠어요. 이 증명서는 여러분이 환경을 보호하고 푸른 지구를 만들기 위해 애쓰는 환경친화적인 사람이란 걸 증명합니다.

환경지킴이 증명서

지구환경 보호를 위해 많은 일을 한
_____ 에게 이 증명서를 수여합니다.

_____년 ___월 ___일

가족과 친구들에게도 지구를 보호하는 일이 얼마나 중요한지 다시 한 번 말해 주세요.

많은 사람들이 환경을 보호하는 방법을 알게 될수록
푸른 지구는 더욱 아름다워질 거예요.

지구를 보호하는 다른 방법들

한 사람의 현명한 선택이 지구를 구한답니다.
지구환경 보호를 위한 현명한 선택은 어떤 것일까요?

친환경 소비

물건을 사고, 쓰고, 버리는 모든 과정에서 환경을 먼저 생각하는 선택과 행동을 하는 것을 말합니다. 친환경소비자는 꼭 사야 할 것만 사고, 지구환경에 어떤 영향을 미치는지 생각하면서 물건을 고르고, 산 뒤에도 아껴 쓰고, 재활용하는 사람입니다.

친환경 에너지

점점 더 많은 사람들이 재생가능한 에너지를 선택하여 사용하고 있습니다. 재생가능 에너지란 한 번 써도 없어지지 않는 에너지를 말해요. 가스나 석유를 쓰는 대신 태양이나 바람, 물을 이용해 만든 에너지를 쓰는 것이지요.

천연가스 버스

길을 달리는 버스를 보다 보면 '천연가스버스'라고 쓴 것이 있어요. 큰 힘이 필요한 트럭이나 버스는 보통 석유에서 얻는 경유를 쓰지요. 하지만 천연가스를 쓰면 경유 버스보다 나쁜 가스를 덜 내보낸답니다.

에너지 소비효율 1등급

이 말이 붙어 있는 제품은 다른 제품과 기능은 같으면서 에너지는 훨씬 덜 써요. 에너지를 덜 쓰면 그만큼 오염이 줄겠지요?

대중교통 이용

자가용 대신 버스나 전철을 이용해요. 대도시에서 공기를 오염시키는 가장 큰 원인은 바로 자동차가 뿜어 내는 나쁜 가스예요. 거리에 자동차가 줄면 공기 오염도 훨씬 줄어들게 됩니다.

옮긴이 **정지현**

서울대학교에서 원자핵공학과 사회학을 전공했으며, 같은 학교 불어불문학과 대학원에서 석사 학위를 받았습니다. 글을 쓴 책으로는 『해·달·별 하늘의 무늬를 읽은 우리 천문학 이야기』가 있으며, 『베토벤의 기적 같은 피아노 이사 39번』『데이글로 형제』『넬슨 만델라』『왕가리 마타이』 『내 맘대로 하면 왜 안 돼?』『나는 왜 돈이 없어?』 등을 우리말로 옮겼습니다.

세상을 바꾸는 어린이 ❶ 환경

푸른 지구를 만들어요

1판 1쇄 2009년 11월 23일 | 1판 7쇄 2022년 11월 14일

지은이 엘렌 사빈 | 옮긴이 정지현 | 편집 최윤미 이정원 이복희 | 디자인 이은혜
마케팅 정민호 이숙재 박치우 한민아 이민경 안남영 왕지경 김수현 정경주
브랜딩 함유지 함근아 김희숙 고보미 박민재 박진희 정승민 | 제작 강신은 김동욱 임현식 | 제작처 영신사
펴낸곳 (주)문학동네 | 펴낸이 김소영 | 출판등록 1993년 10월 22일 제2003-000045호
주소 10881 경기도 파주시 회동길 210
전자우편 kids@munhak.com | 홈페이지 www.munhak.com | 북클럽 bookclubmunhak.com
카페 cafe.naver.com/mhdn | 인스타그램 @kidsmunhak | 트위터 @kidsmunhak
대표전화 031)955-8888 | 팩스 031)955-8855 | 문의전화 031)955-3578(마케팅) 02)3144-3237(편집)

ISBN 978-89-546-0948-7 74840
　　　978-89-546-0947-0 74840(세트)

이 책에 많은 도움을 주신 박현철(환경운동연합) 선생님께 감사 드립니다.
잘못된 책은 구입하신 서점에서 교환해 드립니다. 기타 교환 문의: (031)955-2661, 3580

어린이제품 안전특별법에 의한 기타표시사항 제품명 도서 | 제조자명 (주)문학동네 | 제조국명 한국 | 사용연령 8세 이상